마침표 찍으려 하니

김문한 여섯 번째 시집

초판 발행 2019년 9월 16일
지은이 김문한
펴낸이 안창현 **펴낸곳** 코드미디어
북 디자인 Micky Ahn
교정 교열 오재령
등록 2001년 3월 7일
등록번호 제 25100-2001-5호
주소 서울시 은평구 갈현로 318-1 1층
전화 02-6326-1402 **팩스** 02-388-1302
전자우편 codmedia@codmedia.com

ISBN 979-11-89690-13-7 03810

정가 10,000원

이 책의 판권은 지은이와 코드미디어에 있습니다.
잘못 만들어진 책은 교환해드립니다.

마침표 찍으려 하니

김문한 여섯 번째 시집

김 문 한

詩人의 말

시는 사물의 아름다움을 보여주는 언어의 건축이라는 생각이 들었습니다. 길가에 있는 꽃일지라도 온갖 고초를 겪으며 아름다운 삶을 전하고 있었습니다. 그리하여 보이는 부분뿐만 아니라 보이지 않은 그 속에 감추어진 아름다움도 찾아내어, 이런 것을 서정적인 시로 건축하고 싶었습니다. 그러나 아직도 미천하여 뜻하는 것을 바르게 표현했는지 부끄러운 생각이 듭니다. 다만 시를 통해서 삶의 기쁨을 주고, 좋은 시를 쓰도록 용기 주시는 하나님께 늘 감사하고 있습니다.

2019년 9월
김 문 한

차례   시인의 말 · 4   작품 해설 | 지연희 · 100

1
감자를 캐면서

빛 1 _ 12

빛 2 _ 13

말의 빛 _ 14

저녁 연기 _ 15

그림자 _ 16

통나무 _ 18

마지막 소원 _ 19

내게 남은 것은 _ 20

징 _ 21

감자를 캐면서 _ 22

이웃집 아저씨 _ 23

그리움 _ 24

오월이 되니 _ 25

저물어가는 아내의 가을 _ 26

만남 _ 27

책 _ 28

빈집 _ 30

꿈 _ 31

2
기다려지는 목요일

꽃 1 _ 34

꽃 2 _ 35

들꽃 _ 36

퇴고 _ 37

시 쓰기 _ 38

마침표 찍으려 하니 _ 40

기다려지는 목요일 _ 42

봄비 _ 43

봄이구나 _ 44

뜨락의 봄 _ 46

달맞이꽃 _ 47

우물 _ 48

서울로 이사 온 참새 _ 50

그대와 함께 이 길을 걷다 _ 52

그렇게 살기로 했다 _ 53

산이었던 아버지 _ 54

개망초꽃 _ 56

낡은 타이어 _ 57

차례

3
잘 가라 가을아

아픔 1 _60

아픔 2 _61

잘 가라 가을아 _62

가을 나무와 잎새 _63

십일월 _64

겨울나무 _65

겨울의 율동호수 _66

겨울 산 _67

지금 생각하니 _68

뚝배기 _69

내 잘못이다 _70

어머니의 손 _71

아기 새에 배우다 _72

종점 _73

장사익 _74

후회 _75

가을이 떠난 자리 _76

친구와 헤어지던 날 _77

4
백목련의 사랑

아침을 맞이하며 _80

연탄 _81

진주 _82

해바라기 _83

능소화 _84

삶 _85

강을 바라보다가 _86

밤송이 _87

백목련의 사랑 _88

작은 기쁨 큰 행복 _89

함박눈 _90

지팡이 _91

물음표 _92

기다림 _93

잊지 못할 찔레꽃 _94

저녁 _95

떠오르는 시인 _96

한 해를 보내면서 _97

아직도 생소하기만 한 삶의 길
끝이 보이지 않아
그리운 고향으로 가고 싶어도

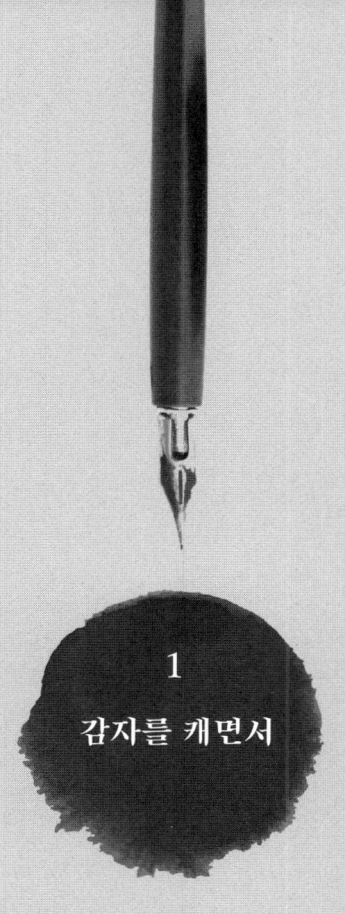

1
감자를 캐면서

빛 1

어둔 밤

골짜기를 거닐지라도

두려워하지 않는다

엑스선 MRI선도 막히는 데가 있지만

헤쳐 나가려고 애태우는

마음의 빛이

앞을 비추어 주기에.

빛 2

너무나 마음 아파
이 생각 저 생각에 잠을 설친 아침

소리도 냄새도 없는 햇살이

창문을 열고 들어와
몸속 어둠을 밀쳐내고 있다

그래, 일어나야지
비록 아쉬웠지만 다시 시작해야 한다

비바람에 시달려도
빛이 있기에
들꽃이 피지 않더냐.

말의 빛

아침 일찍 길 모서리에
잡상품 진열하는
허름한 옷차림의 젊은이에
'실례합니다' 하고 길을 물으니
짜증내지 않고 웃는 얼굴로
'좋은 아침입니다'로 인사하며
하던 일 멈추고
자세히 알려준다
'감사합니다'라고 하니
'천만에 말씀입니다'로
그의 가을 하늘과 같은 말
지금도 생생하게 살아있어
세상에서 부딪치는 험한 말에
속상할 때마다
찬란한 빛으로 찾아와
파도치는 마음 잠잠케 한다.

저녁 연기

해가 서산에 업혀있을 때
집집마다 초가지붕 굴뚝에서 연기가
분수처럼 솟아오르더니
미루나무 키 만큼에서 사방으로 흩어진다

병정놀이에 혼이 빠져있는 나와
밭에서 일하시던 아버지를 부르며 흔드는
어머님의 애절한 손짓이었다

김이 무럭무럭 나는 저녁 밥상을 받아 들었을 때
묵은 이엉 짚 타는 냄새가 배어 있는 어머니 적삼에는
아직도 저녁 연기가 피어오르고 있었다.

그림자

바닥에 비친 모습

쓸쓸하다고 업신여기지 마세요

나는 빛의 혼이고

숨겨놓은 흉기로
남을 아프게 하거나 상처내지 않으며

항상 낮은 곳에 납작하게 엎드립니다

빛은 나의 하늘이기에
늘 그의 곁에 있고 싶어

매번 물체의 모양대로 다시 태어납니다

욕심이 없어

흔적을 남기지 않으며 미련도 갖지 않습니다

고독하지만

그림자놀이로 이웃을 즐겁게 하고

때로 그늘이 되어

피곤한 나그네의 쉼터가 되기도 합니다.

통나무

씩씩하게
하늘 보고 쑥쑥 자라
푸른 꿈이 가득했던 나무

세월의 턱에 걸려
밑동 잘리고 몸통만 남아
살아서 못 한 일
저승에서 찾고 있다

땅에 박는 말뚝이 될까
보금자리 꾸미는 뼈대가 될까
삶의 편리한 반려자 되고도 싶고
어머니 도우미 도마가 된들 어떠리

영원한 삶 속으로
수렴收斂되기 바라는 통나무
가득 실은 기차
어둠 속 힘차게 달리고 있다.

마지막 소원

재주도 없으면서
푸른 그늘 되겠다고
노심초사勞心焦思 걸어온 길엔
발자국마다 땀방울이 고여 있다

아직도 생소하기만 한 삶의 길
끝이 보이지 않아
그리운 고향으로 가고 싶어도
새우등 허리, 다리 힘도 없어
이대로 세상 마쳐야 하나 망설이고 있는데

어쩌자고 이 몸에 이파리가 튀어나오는지
아직도 수액이 남아 있었단 말인가
욕심인 줄 알면서
없던 힘 마지막으로
무성한 이파리 넓은 그늘 펼치고 있다.

내게 남은 것은

울퉁불퉁한 길
넘어지면 일어나
달리고 달려온 지 어제 같은데
어느덧 해는 서산에 걸쳐있다

만만치 않았던 삶
별 찾아 고통의 언덕 헤쳐나갈 때
마음 아프게 한 심술과 비웃음도
반복되는 시행착오로
이루지 못한 아쉬움도 모두 떠났다

아무것도 없는 빈 가슴에
발자국마다 피어난
들꽃의 향기
바람에 실려 올 때마다
적막을 깨우는 추억 마음 달래어 준다.

징

무겁고 볼품없지만
피곤한 이웃 춤추게 하고 싶다

멋대로 소리 내는
꽹과리, 북, 피리 탓하지 않고
일정한 박자와 기운으로
반복되는 징 소리에 어울려
세상 흥겹게 해야지

악쓰는 소리
싸우는 소리
시끄러운 소리 모두 부드러운 징 소리에
스며들어 웃게 하자

어느새 해와 달의 발자국 퍼래
골동품 취급으로 주목받지 못하지만
아직도 흔들리지 않는 포근한 소리로
위선의 성 허물고

평화로운 세상 만들고 싶다.

감자를 캐면서

어머니는 허리 아픈 것도 참으시고
감자꽃을 따주었다

꽃을 활짝 피우지 못한
감자 줄기와 잎
시들시들해지는 칠월의 어느 날
호미로 밭두렁 허무니
통통한 옥동자 소도록이 달려 나온다

나무에 매달린 사과
익어가는 멋 자랑할 때
감자꽃의 기운을
알 쪽으로 옮기게 한 어머니
땅속에 숨어 토실토실 자란
감자의 겸손
얼마나 아름다운 삶이더냐.

이웃집 아저씨

빽도 없고 돈도 없었지만
6·25전쟁 때 국군으로 참천하였으나
치열한 전투에서 살아나

덤으로 살고 있다고
세상살이에 몸과 마음 다하며 살아왔는데
어느새 새우등 허리 머리에 서리 내렸다
무슨 일 더 할 수 있을까 생각하다
추위에 더욱 붉어지는 산수유 열매 보고
시 쓰는 부대에 자원했다는 이웃집 아저씨

아직은 신병이지만
새로운 싸움에 적응할
언어의 전략 배우고 시의 전술 익혀
이 전쟁에서도 승리하는
멋진 용사가 되고 싶다는 그의 눈동자
떠오르는 아침 해와 같이 반짝이고 있다.

그리움

먼 나라로 떠난 그대
어떻게 지내는지 궁금하여
서쪽 하늘 바라보고
상념想念에 사로잡혀 있는데

바람에 실려 온 흰 구름 속에
보일 듯 말 듯
찔레꽃 한 다발 안고
방긋이 웃으며 고개 넘어가는 그대

불러도 불러도 대답 없고
푸른 하늘에 산보 나온
낮달 속으로
말없이 사라진다.

오월이 되니

맑고 밝은 기운이
여울 되어 흐르고
기어이 호수 이루어
푸른 세상 아름답게 비춘다

잔잔한 푸른 물 위로 산보 나온 해님이
재롱부리며 나뭇잎을 핥고 있고
능청맞은 나무는
흰 구름 잘라내어 현弦을 만들어
노래 부르고 있다

저만치 숲에서는
바람에 실려 온 풀과 꽃 냄새 맡으며
고기 잡는 낚시꾼도 보인다

눈에 보이는 것마다
활기 넘치는 이 계절에
지난날의 서러움 따져서 무엇 하나
푸름과 햇빛이 넉넉한 5월에 나는 서 있다.

저물어가는 아내의 가을

가을 되니 왠지 쓸쓸해진다

소피보려고 든 화장실
욕조 가장자리에 걸쳐있는

아내의 단풍잎 같은 팬티가
내 얼굴을 빨갛게 물들인다

문틈 사이로
주방에서 찌개 타는 냄새가 난다

목욕하는 동안
냄비를 까마득하게 잊었던 거겠지

싸늘한 바람에
나뭇잎이 우수수 떨어진다

아내의
적막한 가을을 지우기 위해
서툰 솜씨로 탄 냄비 깨끗이 씻었다.

만남

무거운 짐 지고
따가운 햇살에 비실거릴 때
그늘 되어 주신
그대를 만났기에 일어설 수 있었습니다

웃음소리 바람 소리에
내가 나를 버리려고 할 때에도
비가 오고
눈이 와도
가야 할 길 가야 한다고
위로와 용기 주시고
신천지 밑그림 그려주신
그대를 만났기에 외로움 견딜 수 있었습니다

무슨 연의 끈이 있었기에
이렇게 잠잠한 감동으로
만날 수 있었는지 알 수 없지만
삶의 나침반이 되시던 따뜻한 말씀
언제나 얼어붙은 내 마음 녹여주었습니다.

책

한 푼 두 푼 모아 산
작은 책 한 권이 있었습니다

어찌나 기뻤는지
책장 넘길 때마다 눈물이 났고
눈물이 모여 흐르는 내川에
송사리들이 모여
같이 어울려 숨바꼭질하면서
시간 가는 줄 몰랐습니다

이 내는 신병훈련소에서도
포탄이 쏟아지는 격전지에서도
항상 내 옆에 흐르고 있었습니다
포성이 멎고 살았다는 생각에
책을 펼치니
송사리들이 반가워 달려들어
위로하는 정에 같이 울곤 했답니다

애지중지하던 책 표지가
너덜너덜해지고

세월의 발자국으로 누렇게 바랬지만
책 속 나이 먹은 송사리들이
지금도 노래하자고
치근대는 잊을 수 없는 책이었지요.

빈집

인적 드문 곳에
집 짓고 새 한 마리 길렀다

나의 눈물과 땀과 그리움을
양식 삼아 기른 귀여운 새

어느 날 넓은 세상 구경하라
문을 여니 하늘 높이 날아가 버렸다

모이를 주는 것을 낙으로
근심과 걱정을 잊을 수 있었는데

내 고독의 수많은 이야기
들어 주던 새 없는 집 쓸쓸하기만.

꿈

밤하늘 별을 바라보니
꿈이 모여든다
이 꿈 저 꿈이 저마다 나를 부르니
간절한 것들이 많기도 하다

하지만 만만한 것은 없어
세상 속 꿈들이 흔들리고 있다
나의 꿈과 다른 이의 꿈이 다를지 모르니
흉내 내려 하지 말자
그래, 헐렁한 꿈 옷은 입지 말아야지
그 꿈이 바람에 날려갈까 염려된다

대나무는
생애 단 한 번의 꽃을 피우기 위해
세월에 넘어지지 않으려
수많은 눈물의 마디를 만들고 있지 않더냐.

이 길로 갈까
저 길로 갈까 망설이다
잡고 있는 지팡이
넘어지는 쪽으로 걸었다

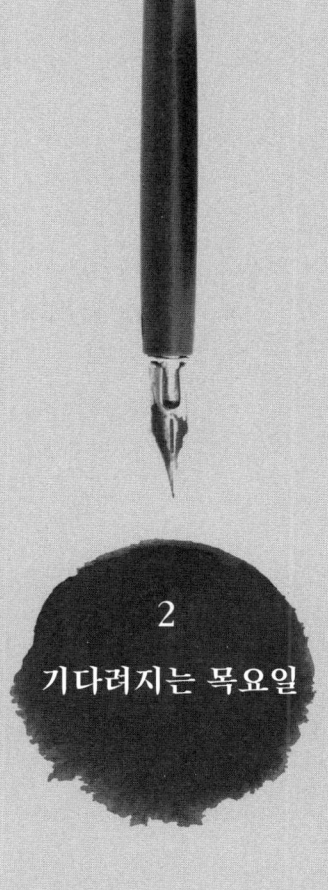

2
기다려지는 목요일

꽃 1

깊은 겨울 맨발로 견디고

비바람에 흔들려도

삶의 무게 가누며

자기만의 색깔 · 냄새 · 모양으로

세상 아름답게

이웃 사랑하며 살고 있으니

꽃의 무게를 어떻게 잴 수 있겠나

길 가다 꽃 만나면

나를 보고 미소 짓는 예쁜 꽃이라고

그냥 생각만 하자.

꽃 2

나의 고향은
어느 별인지 모르고
내 얼굴 볼 수 없지만
밤이면 천사들이 찾아와
몸통 매무새 다듬어주고
이슬이 화장해 준답니다
비바람에 시달려도
빛이 있기에
슬픈 티 내지 않고
나만의 색과 냄새 꽃피워
모든 이의 미소되고
찾아 온 벌과 나비 입맞추면
힘들었던 발자취 다 사라져
나그네 위로하는
한 송이 아름다운 시가 된답니다.

들꽃

풀과 섞여
자라고 있는 들꽃
화원의 값비싼 꽃보다
화려하지 못해도

추위와 고독
폭풍우에 시달리고
흙냄새 손끝으로 감싸
빛과 이슬과 맑은 공기와 어울리며
살아남으려는 집념
기어이 진한 향기 피어내고 있더라

산전수전 다 겪어야
하늘의 향기 낸다는 것을
들판에 있는 들꽃이 가르쳐주고 있다.

퇴고 推敲

시를 쓴다는 것은
목수가 나무를 다듬듯이
영혼의 뼈를 깎아내는 것이라기에

밤새워
깎고 또 깎았으나
매끄럽지 못해 허전하다

해가 떠오르는 아침
속 쓰려 냉수 한 잔 마시고
지나온 길 되돌아본다

재주 없는 머리
하던 일 서랍에 넣어두고
이런 저런 시어를 묵상하다 이건가 하고

백일 만에 꺼내어
뼈를 깎으니
깔끔한 시 한 줄이 생겼다.

시 쓰기

밤새워 머리 짜내도
시다운 시
한 줄 쓰지 못하니 허전하다

포기해야 하나 망설이다
창 너머로
지난 폭풍에 끄떡없던
참나무 위 까치집 보인다

나뭇가지 맞추다
맘에 들지 않으면 버리고
어디선가 다른 나뭇가지 물고 와
조심조심 끼워 맞추어
기어이 집을 지었고
나무 밑에
버려진 나뭇가지 수북했었다

버리고 또 버려
마지막 나뭇가지로 지은
저 까치집 시가 아닌가

머리 스쳐가는 번갯불
버렸던 시, 버렸던 말
새 생각, 새 말로 다시 맞추어 본다.

마침표 찍으려 하니

끝없는 들판
콧노래 부르며 시 찾아 나섰다

갑자기 먹구름 모여들더니
눈이 내린다
어디까지 왔는지 눈 덮인 세상
밟고 온 발자국마저 지워져
돌아갈 길조차 알 수 없다

이 길로 갈까
저 길로 갈까 망설이다
잡고 있는 지팡이
넘어지는 쪽으로 걸었다
정신 차리고 보니 제자리에서 맴돌았을 뿐

다시 시작해야 하나
하늘 눈이 없는 머리
날은 어두워지고
불어오는 찬바람 마음 시려

마침표 찍으려 하는데
가방 속 책에서 따뜻한 말씀 하나 들린다.

기다려지는 목요일

지친 영혼에
하늘의 기쁨 심고 싶어
시어詩魚 잡는 법 배워
바다에 나가 낚시 내렸다
입질이 있어 잡히는 줄 알았는데
미끼만 뜯겼다
둔한 머리 탓하고
조용히 포기하려 하다가
잡힐 듯 잡히지 않았던 아쉬움이
밤잠 설치게 해
또다시 출항하는 목요일 기다려진다
그날에는 바람 불지 말고
비도 오지 말고
해님만 다정하게 웃어 주었으면.

봄비

사나운 북풍 불 때마다

비명소리

따스한 바람 불던 날

구름이 숨겨둔 은침

몸살 난 육신 치료한다

활기 되찾은 손과 발

막혔던 피 걸러 내

기어이 새 눈 틔운다

살아났구나, 시든 목숨 살린 비.

봄이구나

세계 일주 여행 갔다
잊지 않고
찾아온 따스한 해님

겨울로 잠자던 친구들 깨워
지친 몸 어루만져
나무는 나무대로
꽃은 꽃대로
풀은 풀대로 새순 틔운다

덥혀진 슬레이트 지붕
참았던 겨울의 서러움
한 방울 한 방울 눈물 흘린다
머지않아 목련 수줍은 가슴
살며시 열리는 것 까치가 훔쳐보겠지

죽었다 살아나는
삶의 신비한 힘
생의 갈증으로 방황하는 사람아
겨울 이겨낸

맑은 봄 물결에 배 띄워
바다로 나갈 채비해야지.

뜨락의 봄

흘러간 시간을 등불처럼 달아 놓으니
손꼽아 기다리던 봄이
얼은 땅 말끔히 씻어버렸다
햇살이 새싹의 자궁을
간질이고 지나간 정원
미운 흔적 사라지고
고개 내민 꽃, 세상 구경하랴
옷매무시하랴 바쁘다
형광색 눈부신 것은 반딧불꽃
무리지은 하얀꽃은
은하수꽃이라 이름 지었다
세상 잠든 사이
별들이 내려와 반딧불꽃과 어울리고
견우직녀 은하수꽃과 춤추다 갔나
아침 햇살
더욱 찬란하게 빛나고 있다.

달맞이꽃

어두워지는
동쪽 하늘에 달이 뜨자
미소 띠는 달맞이꽃
빗장으로 단단히 잠근
꽃잎 벌어지기 시작
달이 중천에 떴을 때
활짝 열리어
입가에 노오란 환희의 소리
눈가에 젖어드는 이슬방울
풀벌레 축하하는 노랫소리
여름밤은 축복으로 가득 찼다
서산에 달님이 기울어지자
순결을 지키려는 꽃잎
빗장을 다시 걸어 잠그고
내일의 만남을 꿈꾸며 고개 숙인 모습
오작교 서성이는 직녀성 같다.

우물

고향 마을에 있던 우물가에
뽕나무 가지는 우물 속으로 뻗어
오디들이 검게 익어가고 있었다

논밭에서 일하시다 돌아오는 아버지 어머니
이곳에 들려 바가지로 오디 가득한
물 마시고 지친 몸 달래곤 하였다
끼니 때가 되면 여인들은 우물가에서
먹거리 준비하며 세상 이야기
꽃피우며 삶의 시름 잊었다

아이들은 그 물 마시며 자랐고
도시로 가서는 아무도 돌아오지 않았다
고향을 지키시던 부모님도
한 사람 한 사람 산으로 이사 가고
기력 다한 뽕나무도 열매를 맺지 않았다

웃음꽃 가득했던 마을 길에는
잡초가 우거지고
밤마다 찾아오던 달과 별의 발걸음 뜸해져

우물은 적막과 고독으로
시름시름 앓기 시작하더니
옛날의 그림자만 어른거린다.

서울로 이사 온 참새

정든 들판 뒤로하고
먹거리 많다는 서울로 이사했다
무서웠던 허수아비 볼 수 없으나
높은 빌딩에 거미줄 같은 신작로
낯선 바람이 부는 거리는 생소하고
쏜살같이 달리는 자동차
무엇에 쫓기듯 바쁜 발걸음
한가롭던 삶 찾아볼 수 없다
먹거리는 여기저기 많이 있지만
값없이 먹고 마시던 지난날의 들판과
나뭇가지에 앉아 있다가
빠르게 다가서던 잔꾀는 잊어야 한다
어쩐지 두려운 생각이 든다
새롭게 시작해야 하나
휘청거리는 거리를 더듬으며
저 멀리 반짝이는 십자가를 찾아
이제 새의 탈을 벗어 버리고
진눈깨비 같은 고난 헤쳐나갈 지혜와
먹고 살아갈 수 있는 일을 간구하며
간절히 기도하고 있는데

어두운 그림자 얼굴 스칠 때마다
파란 하늘에 해님은 웃고만 계신다.

그대와 함께 이 길을 걷다

사랑이란 이름 하나만을 믿고
내가 그대의 다리가 되어주고
그대는 나의 손이 되어 주었기에
꽃이 바람에 휘날리고 천둥번개에 소나기 내리고
낙엽이 흩어지고 진눈깨비 내리는
이 길을 힘차게 걸을 수 있었습니다
둘이서 세웠던 계획
달빛 같은 희미한 세상 더듬으며
그대의 어려움을 나의 사랑으로
나의 어려움을 그대의 사랑으로 보완하며 살아갈 때
하늘의 별들은 유난히 우리의 길을 밝혀주었습니다
꿈 많던 젊은 날을 생각하면
벅차오르는 뜨거움에 못 미쳐 쓸쓸해지기도 하지만
막막하고 구불구불했던 길 잃지 않고
땀 흘리며 오늘에 이른 것 하늘에 감사
아름다운 석양의 노을 바라보며
그대와 같이 이 길 끝까지 걷고 싶습니다.

그렇게 살기로 했다

시간을 먹으며 살아온 삶
황혼을 업은 가슴에는
아직도 나무 심어 잎 틔우고 싶다
이웃의 그늘 되겠다고
진눈깨비 내리는 길 헤치고
세상 문 두드리며 힘차게 달려왔는데
어느새 새우등 허리, 둔해진 손과 발
헤쳐 나가려고 애태우던
마음의 빛도 깜박이고 있다
낡은 것은 가고 새것이 오는 것이 자연의 법칙
이제 집 모서리를 돌아
앞을 밝히는 달빛 같은 그림자 되어
사랑 뒤에서, 눈물 뒤에서
어리석은 척 살아가는
소리 내지 않고 흐르는 강물이 되리라.

산이었던 아버지

추수가 끝나고
등목하신다고
등을 밀어 달라 하신다
겉으로 몰랐는데
뼈와 가죽만 앙상하다
이런 몸으로
땡볕 쏟아지는 논밭에서
온종일 일하시다니
비바람 맞으며 외로이 서 있는 산처럼
적막을 참고 계신 것을 몰랐다
등을 미는 손은 떨리고
연신 눈물이 등에 떨어져 꽃을 피웠다
등목을 마친 후
피곤한 몸 돌볼 사이 없이
오로지 다섯 나무 기르기 위해
밤늦게까지 시장에 팔 돗자리 짜시며
고생을 고생으로 여기지 않았다

밤하늘에 산보 나온
해를 닮은 금 덩어리가

사방을 비추고 있는데
큰 그늘 되라고 말씀하시던 아버지
삽 들고 천수답天水畓에 물꼬 틀고 있었다.

개망초꽃

길섶에만 모여 있어
잡초인 줄 알았는데
한 줄기에 여러 개의 가지 뻗어
눈부시지도
향기롭지도 않은
하얀 꽃 피웠다
비 오면 비 맞고
바람 불면 같이 흔들리며
지나가는 사람 예쁘다 말 없어도
반갑게 맞이하고
모른 척 지나가도
안녕히 가시라고 인사하는 너그러움
비웃음이 무엇인지 몰라
어리석게 보여도
파란 하늘에 흘러가는 흰 구름처럼
늘 웃고 있는 너는
미워할 줄 모르던 어머니 같다.

낡은 타이어

이대로는 더 달릴 수 없으니
타이어의 마모도를 측정하라 한다
도로 위를 씽씽 달리는 것들이 부럽기만 하다
하기야 한때는
사랑 찾아 낯선 곳 찾아 달렸으며
자갈길을 달려야 할 때도 있었고
빗물 웅덩이에 빠져 더듬거리기도 했었지
뜬 눈으로 밤길을 달릴 때 하늘의 별들이
깜박깜박 노래하며 적막을 달래주고
가로수에서 매미가 노래하고
흐르는 시냇물의 합창소리 들으며
낭만의 시골길을 달리기도 했었다
더 달릴 수 없게 되어
폐타이어가 되리라는 생각이 드니 외로워진다
지평선 끝에서 손짓하는 불빛을 바라보며
힘차게 달리던 지난날의 즐거웠던 일
괴로웠던 일들이 사무치게 그리워
다시 달리고 싶지만,
수많은 어려움 속에서도
큰 탈 없이 오늘에 이른 것 감사한다.

오곡백과 익히고

푸른 잎 곱게 물들인 가을

떠나면 그만이지만

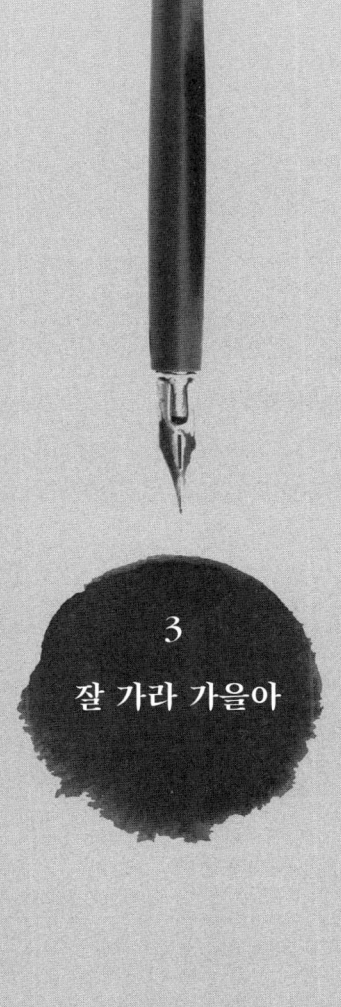

3
잘 가라 가을아

아픔 1

저 산봉우리
별을 딸 수 있다기에

미끄러운 바윗길
안간힘 다하며 기어올랐다

보일듯한 봉우리 보이지 않고
앞에 '더는 올라갈 수 없음'이란
붉은 표지판이 있다

은빛 세월 뿌리치고
오직 앞만 보고 달려왔는데

이것이 한계인가 생각하니
온몸의 상처에서 신음 소리 들린다.

아픔 2

뜻 이루지 못하고
내려오는 험한 산길

앞으로 무엇을 해야 하나
흔들리는 몸 조심하며 내려간다

산허리에 저녁 햇살 받으며
백로 한 마리 집 찾아가고 있다

어디로 가야 할지
기약 없는 세상 더듬으며 가는
나그네의 발에

흐느낌 같은 상처 솟아나고 있었다.

잘 가라 가을아

추수가 끝난 들판
볏짚만 웅크리고
허수아비 잠이 든지 오래다

가을로 물든 나무 잎
세상 소리에 우수수 떨어지고
빈 나뭇가지에는
작별 인사 못한 몇 개의 단풍잎이
애잔하게 바람에 흔들리고 있다

날이 갈수록 부연해지는 하늘
삶의 무게 내려 놓으라 눈 흘기고
겨울을 재촉하는 바람
푸른 바다였던 땅
썰물 자국 앙상하기만 하다

평생 한눈팔지 않고
삶의 고초 견디며 가꾼 열매
아무것도 바라지 않고 빈손으로 떠나는
너를 위해 손 흔드니 잘 가라
다시 만날 날 손꼽아 기다리겠다.

가을 나무와 잎새

푸름 자랑하던 나무와 잎새
더 많은 추억 간직하고 싶은데

여름 달구던 바람이
어느새 가을을 물들이기 시작
다가오는 겨울 대비하라 한다

추위에 살아남으려면
잎 떨구어야 한다며
수심 가득한 어미나무

한 발 한 발 다가오는 겨울 앞에
눈치 차린 잎새
훗날의 무성한 번영을 기원하며

마지막 고운 옷으로 갈아입고
서러워 떨고 있는 어미나무에
안녕, 작별 인사하고
미련 없이 허공 속 뛰어내린다.

십일월

길가에 놓고 간
바랜 가방

가방 속에
시집이 있고
표지 그림에는 이파리 없는 나무에
겨울이 앉을 채비하고 있다
시집을 펼치니
추수가 끝난 들판처럼
누렇게 바랜 시들이 쓸쓸해 보인다

석양이 비추고 있는
힘없는 산 그림자
시름을 하소연하고 있고
어둠 같은 세상을
누군가 휘파람 불며 지나고 있다.

겨울나무

무성한 이파리
어느덧 세월 흘러
단풍 들고 낙엽 되니
줄기와 가지만 앙상하게 남아
찾아오는 손님 없어 적막하고 외롭기만
그래, 내가 푸르러야 손님 찾아오겠지
세상 원망하지 말자
지금은 침묵으로 반성하고 인내할 때
푸른 꿈 찾아오는 그날을 위해
사정없이 때리는 어름바람
에베레스트 산 꼭대기 같은 고독 견뎌야 한다고
주먹 불끈 쥐고 울부짖는 겨울나무.

겨울의 율동호수

울적할 때마다
마음 달래주던 호수

추위에 꽁꽁 얼어
산 그림자 지나가는 구름 비추지 않고
오리 부부의 다정한 나들이도 보이지 않는다
누군가 심술궂게 던진 돌멩이가
흉터처럼 널려있다

칼바람 얼음 두껍게 해도
기다림 같은 세월의 시린 침묵으로 견디며
봄이 오면 굳은 얼굴 되살아나
피난 갔던 친구들 다시 만날 수 있다고
초조함 속에 태연해 보인다

산을 바라보니 앙상한 나무 가지 사이로
웃음소리 같은 바람이 지나고 있었다.

겨울 산

높푸른 바다에
푸른 지느러미 힘차게 움직이더니
세월의 마술에 걸려
카멜레온처럼 탈바꿈하였다

너의 모습
곱디고운 색깔 아름답더니
시샘하는 찬바람에 비늘 벗겨지고
살점은 하늘이 먹어버렸다

앙상하게 남은 가시와 뼈
하늘이 싼 똥으로 빚어진 흰 접시에
표본처럼 가지런히 놓인
싸늘한 풍경 한없이 외롭기만 하다

영하에 몸은 시들었어도
봄이 오기를 학수고대하며
요지부동 하늘과 구름을 이고 있다.

지금 생각하니

논의 둠벙에 물방개, 올챙이
여기가 자기들 낙원인 줄 알고 있다
세상물정 모르던 나도
부모님 보살핌으로 즐겁기만 했다

이른 봄 어미닭 깃털 속에 자라던 병아리
어느새 크더니 자기 나름대로
모이 찾아 먹는 것 보고
집 떠나기를 망설이다
살 길 찾아 세상 문 두드리며
구름처럼 흘러 흘러 여기까지 왔다

어디에 살든 마침내는
모두 한곳으로 가기 마련인데
그래도 세상 바다로 가고 싶었던 것은
하늘과 바다가 닿은 수평선 끝에서
떠오르는 아침 해를 보고 싶어서였다.

뚝배기

볼품없지만
된장에 파, 양파, 시래기 섞은
먹거리 내 몸 안에서 끓이면
아무도 흉내 낼 수 없는 구수한 맛을 낸다
학교에서 돌아온 막내
어머니가 끓인 된장찌개로
보리밥 비벼 맛있게 먹는 모습
얼마나 행복해 보이는지
뜨거워진 몸통의 고통 가물가물 사라지고
덩달아 기쁘기만 했다
최근 양은 냄비, 유리그릇이 판을 쳐
뒤로 밀리게 되어 섭섭하다
더디 끓지만
맛을 내는 비법 배우려 하지 않고
고물 취급하니 세상이 야속하다
맛있는 찌개 만들기 위해
오늘도 보글보글 끓고 싶은데.

내 잘못이다

세상 벽에 걸어놓아야
아름다워지는 줄 알았다

온 정성 다하여 못 박고
나를 걸어놓았으나
지나는 사람 거들떠보지 않는다
화가 나서 나를 내려놓고 못도 빼려고 했다

지금껏 지탱해 준
저 못이 무슨 잘못이 있나
남을 탓하지 말자
낮에는 스러져 보이지 않지만
어두워지면 밤하늘 아름답게 하고
꿈과 용기 주는 별은 얼마나 겸손한가

무거운 짐 진 나그네에
보여야 할 것은 겉모양이 아니라
고단한 영혼 위로하는
별 같은 마음이라는 것을 왜 몰랐는지.

어머니의 손

낮이면 땡볕 쏟아지는
밭에서 일하시고

밤이면 등잔불에 콩나물 다듬어
날이 새면 시장에 나가 팔아

지친 몸 허리띠에서
네 월사금*이라고 내놓은 돈
세상물정 모르고 기쁘기만 했다

어머니 삶은 나를 위한 눈물이었던 것을
산으로 이사 가신 후에야 알았다

살아가다 힘겨우면
밤새 콩나물 다듬으시고
호미질에 못 박히신 어머니 손이 떠올라

컴퓨터 치던 손에 힘이 실린다.

---

* 옛날에는 다달이 내는 수업료를 월사금이라고 했다.

아기 새에 배우다

창가에 있는 환풍기 받침대에
아직도 주둥이에
노오란 태가 있는 아기 새가 앉아
장한 듯이 울어대는 소리
베란다가 휘청거렸다

이곳에 앉으려면 몇 번이고 바닥을 쳐 날려고
힘껏 발을 하늘로 옮기는 연습을 했겠지

세월에 뒤지지 않으려
맨발로 서둘다 돌부리에 넘어진 상처로
주저하고 있는 나는
얼마나 더 달리는 연습을 해야 인간이 될까

이 생각 저 생각에 상심하고 있는데
하늘을 나는 것은 언제나 바닥에서 시작되는 것이라고
미로 같은 길도 겁내지 말아야 한다고
아기 새가 나에게 말하고 있었다.

종점

음산한 날씨

한바탕 내린 눈으로 살짝 덮인

동네에서 내려오는 길엔

숨바꼭질한 수없는 주인 잃은 발자국

가로등 불빛이 어슴푸레 졸고 있는 종점

시끄러웠던 소리 어둠 속에 사라지고

막차는 떠났다

텅 비었다

내일 아침 해는 다시 뜨겠지.

장사익

그의 노래가 들린다

땡볕 쏟아지는 밭에서
일하시다
때 묻은 빨랫거리 대야를 이고
고갯길 넘어
시냇물로 흐르는
어머니의 고달픈 치맛바람 소리

젊음을 세월 속에 달구어
반달 같았던 발
굳은살이 박히고
곱던 손 나무껍질 되어도
자식 자라나는 것 기쁨 삼아
하늬바람에 흩날리는 억새꽃 같은
고통 감춘 울음소리가

몸에 스며들어
나도 모르게 어머니 그리움에
어린애가 되고 말았다.

후회

배고프다고
빵을 구하는 이름 모를 꽃송이
못들은 척 돌아선 내가 미워진다

뒤돌아보니
고개 숙이고 울고 있는 그녀
두려운 생각에 발을 재촉했다

얼굴도 기억할 수 없지만
왜 그리도 너그럽지 못했는지
생각할수록 한없이 부끄럽기만 하다

겨울이 지나면 봄이 오고
얼어붙은 저 가지에도 새순이 솟아날 것이라고
다정하게 다가가 위로했더라면
가슴속 찌르는 가시는 없었을 것을.

가을이 떠난 자리

오곡백과 익히고
푸른 잎 곱게 물들인 가을
떠나면 그만이지만
남아있는 나는
떠난 빈자리 쓸쓸해진다

내년에 다시 만나자고
흔적만 남기고
썰물처럼 떠나니
오순도순 사랑하며
오래오래 같이 있고 싶었던 마음
왜 이리 허전해지는지

홀로 남아 있는 나는
오늘도 먼 하늘 흰 구름 바라보고
그리움에 젖어 있는데
하나, 둘 나무에 매달린 잔주름 갈색 잎이
추억에 잠긴 채 찬바람에 떨고 있다.

친구와 헤어지던 날

커피 한잔 나누며
이제는 쉬엄쉬엄 가자고
서로 뜨거운 말 주고받았는데

싸늘한 영혼만이 산다는
알 수 없는 먼 길 떠나간 사람아
사진 속 너는
이전과 다름없이 밝게 웃고 있는데
천천히 오라는 말
나를 한없이 슬프게 한다

소주 한잔하자던 약속
다음에 꼭 지켜야 한다고
눈시울 감추고 장례식장 나오니
핏기 없는 잔디 위로
소리 없이 떨어지는 낙엽
힘없이 걸어가는 나를 따라오고 있었다.

먼 데서 볼 수 있게

눈부신 하얀 옷 입고

설마 오늘은 오시겠지

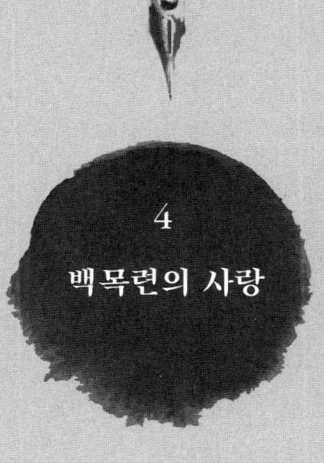

4
백목련의 사랑

아침을 맞이하며

사랑의 하나님
고목과 같이 시든 몸
깨워주시어
새날을 주시니 감사합니다
책상 위 쓰고 또 지우고 한
미완성 시가 보이며
아침 해가 찬란하게 비치는 창을 여니
이슬 젖어 웃고 있는 꽃
뜰의 소나무 솔잎의
싱싱한 웃음소리 들리니
내가 살아있다는 생각에
기쁘기 이루 말할 수 없습니다
지금까지 삶의 징검다리
넘어지지 않도록
인도하신 당신을 생각하며
오늘도 모질게 내 일에 힘쓰겠습니다.

연탄

나는 한때
활활 타는 청춘

밥 지을 때나
국 끓일 때
마다하지 않고 힘깨나 썼다

세월 흘러 힘 부치니
이제 힘써야 할 새 연탄
디딤돌 되고
마지막 불씨까지 건네주었다

몸과 뚫린 콧구멍 하얗게 되어도
해야 할 일 다 하고
노래하며 고향 가게 되니 기쁘다

가다가 언 길 만나면
기꺼이 나를 으깨어 미끄럼 막아야 한다.

진주

조개 입속으로 들어간 모래알
참기 어려운 고통

낮에는 햇빛
밤에는 별빛으로
토해내고, 아픔 씻으려 했지만
진땀만 범벅

미움도 사랑인가
상처 아름답게 자라
기어이 단단한 덩어리 되었다

나는 조개의 눈물
어머니의
아픈 몸과 마음 디디고 태어난
세상에서 사랑받는 불효자.

해바라기

작은 꽃으로 수놓은
둥근 방석 가장자리
금 이빨로 치장하고

아침에는 동쪽 하늘
저녁에는 서쪽 하늘
그대 보려 발돋움하다
키다리가 되었습니다

바람 부는 들판에 있어도
황금빛 미소로
맞이할 수 있는 하늘이 있기에
나는 외롭지 않습니다

가을바람 불면
그대가 심어준 사랑으로
꽃방석 안 수많은 씨앗들
노래하며 익어갑니다.

능소화

주황색으로 단장하고
담장 기어올라 다소곳이 그대 기다리다

마음 조급해
더 높이 올라가는 초조한 얼굴

비 내려 염색한 흰머리 보일까 봐
붙잡아 두고 싶은 세월

오르고 또 올라도
보이지 않는 그대 언제 만나게 될지

발 아래 빨랫줄에 옷 두 벌
머지않아 한 벌 될 것이고
좀 더 가면 바람만 펄럭이겠지

칠월의 따가운 햇살 아랑곳하지 않고
오직 그대만 그리워하는.

삶

밀물처럼 들어왔다

낯선 곳
방황하던 나에게
일할 수 있는 시간 주시어
천둥번개 비바람
휘몰아치는 파도 속에서
수많은 시행착오에도
모래 모으고, 돌 단단히 쌓아
멀리 갔다 돌아오는 배의 표적
갈매기와 구름과 별의 쉼터로
아담한 섬을 만들었다

작은 섬의 탄생을 위해
고난을 감당케 한 당신께 감사하며
땀으로 이룩한 섬 바라보고
다시 세워야 할 꿈을 찾아

순례자 되어 썰물처럼 가고 있다.

강을 바라보다가

낯선 물이 만나 서먹서먹하더니
같이 섞여 서로 도우며 바다로 흘러가는 강물
웃을 때 같이 웃고, 울 때 함께 울
출렁거리는 물결 밝게 빛나는 것을 본다.
세상살이도 저와 같이 얽히고설키며 흘러가니
스스로를 채찍질하며
넘어져도 다시 일어서려 애쓰는 물결이 되고 싶어졌다
큰 강이 어찌 아무 일 없이 흐르겠나
수줍은 신부 발걸음같이
어느 때는 수도사의 무거운 걸음같이 흐르다가
실수하여 넘어질지라도
피치 못할 사유가 있었을 것이다
시간과 공간을 초월해서 너그럽게 이해하며
넘치지도 마르지도 않는 깨끗한 강물을
언제나 마음속에 간직해야 한다.

밤송이

밤꽃 진 자리에 태어난
아기 밤 감싸고 있는 솜털 주머니

가시 성城으로 변하여
까치도 얼씬거리지 못하게 하고
비바람 방패 되어
어린 밤 걱정 없이 자란다

무덥던 여름 지나
싸늘한 가을바람 불기 시작
벌레들의 공격 막으며
금이야 옥이야 품고 있던 열매
이제 헤어져야 할 때라고

철통 같은 문 활짝 열어
누군가의 사랑 되게 떨어뜨리고
이름도 빛도 없이 사라진다.

백목련의 사랑

먼 데서 볼 수 있게
눈부신 하얀 옷 입고
설마 오늘은 오시겠지

그대 그리워
꽃샘추위 아랑곳하지 않고
일찍 나와 기다리고 있는데
초조함에 입만 타고 소식 없다
누구의 치마폭에 안기어
나를 잊었나
어느 유혹에 빠져
세월 흐르는 것 모르고 있나

몸도 마음도 지쳐
떨어지는 꽃잎
붙잡을 힘조차 없다
이루지 못하는 사랑
꽃 진 후에
뒤늦게 튀어나오는 이파리
아쉬움 속에 봄날은 가고 있다.

작은 기쁨 큰 행복

머리 짜내 지은 시
고치고 또 고쳐도
마음에 차지 않는다
그래도 시집을 엮어내니
터널을 빠져나온 기분
문우님들에게 책을 증정했다

짐이 되지 않았을까
주저하고 있는데
밤새워 읽었다는 말 들었을 때
적막을 달래주는
정다운 눈빛이 곁에 있다는 생각에
가슴이 뭉클해졌다

이제 남은 시간
장미꽃은 아닐지라도
들꽃 같은 향기 낼 수 있으리라
용기가 나고, 삶이란
이렇게 작은 기쁨 속에도
큰 행복이 있다는 것을 알았다.

함박눈

조용히 내리는

함박눈 바라보면

지난날 생각 마음 쓸쓸해진다

이 밤에 갈 곳도 없고

찾아올 사람도 없는데

저 멀리서 걸어오는 발자국 소리

어렴풋이 눈 속에 떠오르는 그대의 모습

함박눈아, 임은 바람 따라 갔는데

어쩌자고 그리움 꽃피우게 하느냐

온몸에 퍼지는 뜨거움 어이 해야 하나.

지팡이

앞 못 보는 이가
난간도 없는 다리 건너고 있다
그 밑에 파란 물이
흐르고 있어 아찔하다
위태로운데
맹인이 잡고 있는 지팡이
눈이 없어도
귀가 없어도
오직 땅에 닿는 감각으로
어둠 속
인생길 콕콕 더듬으며
영혼의 눈으로
별을 볼 수 있게 인도하고 있었다.

물음표

물속 물고기
낚싯바늘에 먹이 매달아 낚고

세상 같은 강물에
떠다니는 의문
낚싯바늘 같은 물음표로 잡고 있네요

잡아 올린 것 해부해서
숨겨진 비밀 양파 껍질처럼 풀어내더니
오늘의 문명 이루었군요

일마다 마주치는 물음표
궁금증 풀기 힘들어도, 양념 속 고추 같은
없어서는 안 될 부호이지요.

기다림

손꼽아 기다리던 한 주가 지나고
아들이 온다는 날이다

나는 버스 정류장에 나가고
아내는 애가 좋아하는 약밥을 짓는다

눈발이 날린다, 쌓이면 안 되는데
원망하듯 하늘을 바라본다

대합실에는 사람들이 웅성거리고
재떨이에는 담배 꽁초가 수북하다
갑자기 핸드폰이 울린다

- 몸이 찌뿌듯해서 다음에 가겠어요
- 알았다, 눈이 와서 걱정했는데 잘 됐다
  병원에 가봐야지

핸드폰이 꺼지자
세상은 텅 빈 것 같고
허전한 회오리바람만 맴돌다 지나갔다.

잊지 못할 찔레꽃

뒷동산 언덕배기
양지바른 돌무덤에
오월의 따사로운 햇빛 받으며
향긋한 내음
하얀 다섯 장의 꽃잎
가운데 노란 꽃술이 수북한 꽃피웠다
어쩐지 별처럼 슬퍼보였지만
철모르는 우리
병정놀이하다 배고프면
연한 꽃잎 따 먹으며
하루해가 지는 것도 몰랐다
가뭄이 들었을 때
어느 친구는 전쟁터에 갔다고 하고
독일 광부로 갔다고도 하는데
달빛 부서지는 어느 날 밤
멀리 떠난 그들이 찔레꽃 한 아름 안고
병정놀이하던 뒷동산 걸어오며
하얗게 웃는 얼굴
그리움 가득 황혼을 적신다.

저녁

어느 새 하루가 저물어
서산 넘어가는 햇빛이

손때 묻은 책상 위 책과 노트를 비추며
하루의 노고가 끝났고
곧 긴 밤이 온다고 알린다

놀던 아이들 집으로 돌아간
공원 같은 빈 가슴에 어둠이 스며들고

지는 햇빛이 어루만지는
나무 이파리들의 잠드는 소리
적막에 사로잡힌다

어둔 밀물이 밀려오는
밤하늘엔 별들이 하나둘 헤일 수 없이 모여
검은 바다에 보석 되어 흐르고 있다.

떠오르는 시인
– 윤복선 씨의 첫 시집 「숲은 아직도 비다」 출판을 축하하며

백로 한 마리
그녀와 정답게 이야기하다
힘차게 하늘 높이 날아가고 있다

그가 주고 간 선물
메마른 땅 삽질하여
돌 가려내 땀 흘리며 씨앗 심었다

비 오면 비막이
바람 불면 바람막이 되어
밤잠도 설치면서 정성껏 돌보아
어느새 아담한 숲 이루어
초롱초롱한 이파리 별 같은 열매 눈부시다

숲에 비가 내린다
빗소리 타이스의 명상곡 되고
나뭇잎에서 떨어지는 빗방울 소리
G 선상의 아리아 되어 하늘과 땅을 오르내리는데
백로가 귀띔해준 비법 펼치고 있는 그녀
머지않아 숲은 더욱 아름답게 되리라.

한 해를 보내면서

어느새 올해도 끝자락
이룬 것도 있지만
좋은 시 쓰려고 했던 꿈
이루지 못한 아쉬움이 있습니다

그래도 멍투성이 몸 지켜주시어
문우님들과 허물없이 어울리며
시어 잡을 수 있는
정다운 시간 허락하여 주신 것 감사합니다

고개 넘어 새해에도
겨울 이겨내는 나무와 같은 끈기
뭇사람의 기쁨 되는 꽃과 같은 사랑으로
시린 몸과 마음 구석구석 채워주시어

시마다 모어母語로
아름다운 열매 맺을 수 있도록
비옥한 머리와 시간 주시어
하늘에 감사, 문우님들과 함께
기쁨 나눌 수 있는 시간 허락하여 주소서.

배고프다고

빵을 구하는 이름 모를 꽃송이

못들은 척 돌아선 내가 미워진다

작품 해설

**작은 휴지조각의
쭈그러진 비명을
도닥이는
그윽한 정신**

지연희 시인

| 작 품 해 설 |

작은 휴지조각의 쭈그러진 비명을
도닥이는 그윽한 정신

●

지연희 시인

　　　　　　시인은 시간의 결 속에 널브러진 삶의 흔적을 줍는 파수꾼이다. 무수히 버려진 쓰레기 조각을 자루에 모으는 미화원처럼 지난 하루 무심히 스쳐간 존재의 가치를 재생시키는 구도자의 손길이다. 그것이 비단 작은 휴지조각의 쭈그러진 비명일지라도 유심히 도닥이는 그윽한 정신의 소유자인 것이다. 창밖 하늘 높이 가지를 솟구쳐 올리던 가로수 플라타너스 잎들이 가을 문턱에 다가선 선들바람에 흔들리고 있다. 성인의 얼굴보다 넓은 잎들이 지난 시간의 역사를 점묘하려는 모양과 같다. 미세한 시간의 결에 머물고 흐르는 삶의 기록이 나무들이라고 무심할 수 없다. 깊고 넓은 굴곡까지 나이테로 담아내는 나무의 일생은 한해살이 가닥으로 경이롭게 자신의 몸속에 유언처럼 새기고 있다. 평화롭고 아름답던 완곡한 균형의 삶과 파란으로 휘어진 아픔이 발자국처럼 선명하다.

　오늘 여섯 번째 시집을 출간하는 김문한 시인의 시집『마침표 찍으려 하니』의 메시지는 그 어느 때보다 진지하다. 어느 한 순간도 허튼 일 없이 살아온 시인의 일생에서 뒤늦게 입문한 시문학 창작 수업은 평생 전공으로 닦아온 건축학 학문의 바탕 속에서 덤으로 이룩한 혜성 같은 의미의 발견이라고 진술하신 바 있다. 신비의 세계를 여는 시어의 창조적 언술은 이제껏 발견하지 못한 신천지를 여는 아름다움이어서 신선한 충격이라는 것이다. 햇수로 7년이 넘는 시 창작 수업에 전념하고 있는 시인의 현주소는 거대한 산맥을 오르는 알피니스트의 집념으로 무장한 장인의 몸짓이다. 혼신을 다하여 시 창작에 투신하는 열정의 정도가 그 깊이를 잴 수 없는 크기이어서 감히 대적하지 못하는 젊은이들이 적지 않다. 이제 구십 세의 고개를 넘고 만수萬壽를 향해 유유자적한 삶을 이끌어 가실 시인의 내일이 예감되어지는 여섯 번째 시집은 그만큼의 공력을 기울인 흔적이다.

어머니는 허리 아픈 것도 참으시고
감자꽃을 따주었다

꽃을 활짝 피우지 못한
감자 줄기와 잎
시들시들해지는 칠월의 어느 날
호미로 밭두렁 허무니
통통한 옥동자 소도록이 달려 나온다

나무에 매달린 사과

| 작 품 해 설 |

익어가는 멋 자랑할 때
감자꽃의 기운을
알 쪽으로 옮기도록 한 어머니
땅속에 숨어 토실토실 자란
감자의 겸손
얼마나 아름다운 삶이더냐.
　　　　　　　　- 시 「감자를 캐면서」 전문

가을 되니 왠지 쓸쓸해진다

소피보려고 든 화장실
욕조 가장자리에 걸쳐있는

아내의 단풍잎 같은 팬티가
내 얼굴을 빨갛게 물들인다

문틈 사이로
주방에서 찌개 타는 냄새가 난다

목욕하는 동안
냄비를 까마득하게 잊었던 거겠지

싸늘한 바람에
나뭇잎이 우수수 떨어진다

● 작품 해설

아내의
적막한 가을을 지우기 위해
서툰 솜씨로 탄 냄비 깨끗이 씻었다.
　　　　－ 시 「저물어가는 아내의 가을」 전문

　세상에 어떤 존재이거나 그 존재적 근원의 발생으로부터 생존의 가치를 부여받게 된다. 식물이거나 동물이거나 하물며 땅바닥에 뒹구는 돌멩이 하나도 큰 바윗덩어리의 조그마한 분신이다. 근원을 알 수 없는 존재는 가능하지 않다는 것이다. 자식은 어머니의 분만의 고통으로 세상에 탄생되어지고 신비로운 생명을 선물로 받게 된다. 생전의 어머니는 아픈 허리도 참으며 감자꽃을 따는 일에 전념하셨다. 통통한 옥동자 밭두렁 속에서 소도록이 달려 나오도록 어머니는 혼신을 다하여 밭을 매신 것이다. 감자꽃으로 모일 기운을 감자알에 나누어 주기 위한 어머니의 정성을 시 「감자를 캐면서」는 언급하고 있다. 땅속 깊은 가는 뿌리에 숨어 숨죽이던 감자의 겸손이 아름다워 어머니는 하루 종일 아픈 허리도 참아내며 감자꽃을 따셨다. 토실토실한 감자의 존재는 알 쪽으로 기운을 모아 준 어머니의 사려 깊은 사랑으로 이룩한 결실이다. 김문한 시인의 시는 도덕과 사회규범이 무너진 모순의 세상에 아침이슬처럼 맑고 밝게 노래하는 잠언이다. 명상하고 성찰하게 하는 가르침이다. 그러나 직설적인 교육어로 지시하지는 않는다. 시인의 내면의 의도가 은유적인 메시지로 암시하고 있을 뿐이다. 평생을 대학교수로 재직하며 제자들의 미래를 밝히기 위한 각고의 노력이 있어 훌륭한

[작 품 해 설]

제자들이 튼튼한 사회 일꾼으로 정치 사회 경제 문화 중요 요직에서 봉직하고 있는 것으로 안다. 시인의 여러 시편에서 감지하게 되지만 세상에 존재하는 한 사람으로 태어나 남을 위한 일에 투신하는 일이야 말로 아름다운 사람의 본성이라고 믿으며 이를 실천하는 사람이다. 물론 시인의 영혼의 바탕에는 깊은 기독교적 '이웃사랑'이 흘러넘치고 있어 사람이 마땅히 지니고 있는 참된 면모와 합치되어 규범의 사례가 된다. 시「저물어가는 아내의 가을」을 감상하다보면 하얀 백발의 노부부가 손을 꼭 잡고 거리를 걷는 모습이 연상되어진다. 노부부가 손을 잡고 걷는 까닭은 유난하게 금실이 좋아서라기보다는 허약한 체력에 혹시나 힘에 부쳐 넘어질 때 서로가 힘이 되어주는 배려의 모습이라는 것이다. 화자는 어느 날 불현듯 확인되어진 아내의 저물어 가는 모습에 나뭇잎 우수수 떨어지는 적막을 실감하게 된다. '소피보려고 든 화장실/욕조 가장자리에 걸쳐있는//아내의 단풍잎 같은 팬티가/내 얼굴을 빨갛게 물들인다//문틈 사이로/주방에서 찌개 타는 냄새가 난다//목욕하는 동안/냄비를 까마득하게 잊었던 거겠지//싸늘한 바람에/나뭇잎이 우수수 떨어진다//아내의/적막한 가을을 지우기 위해/서툰 솜씨로 탄 냄비 깨끗이 씻었다.'는 이 시편은 김문한 시 가운데 여러 편의 좋은 시 중 하나로 꼽을 수 있는 작품이다. 아내의 가을'은 쓸쓸하고 적막한 계절이 주는 배경에 담긴 로맨틱한 정서로 이끄는 언어와 만나게 된다. '욕조 가장자리에 걸쳐있는//아내의 단풍잎 같은 팬티가/내 얼굴을 빨갛게 물들인다'는 것이다. 그러나 성큼 주목하게 되는 이 의도는 '주방에서 찌개 타는 냄새가 난다//목욕하는 동안/냄비를 까마득하게 잊었던 거겠지'에 이르러 싸늘한 바람에 나뭇잎 우수수 떨어지는 아내의 적막과 마주서게 한다. 결국 아내의 적막한 가을을 깨끗이 지워내는 일로, 서로를 이해하고 배려하는 아름다운 동행의 몸짓이 그려지는 좋은 시 한 편이다.

끝없는 들판
콧노래 부르며 시 찾아 나섰다

갑자기 먹구름 모여들더니
눈이 내린다
어디까지 왔는지 눈 덮인 세상
밟고 온 발자국마저 지워져
돌아갈 길조차 알 수 없다

이 길로 갈까
저 길로 갈까 망설이다
잡고 있는 지팡이
넘어지는 쪽으로 걸었다
정신 차리고 보니 제자리에서 맴돌았을 뿐

다시 시작해야 하나
하늘 눈이 없는 머리
날은 어두워지고
불어오는 찬바람 마음 시려

| 작 품 해 설 |

마침표 찍으려 하는데
가방 속 책에서 따뜻한 말씀 하나 들린다.
- 시「마침표 찍으려 하니」 전문

사나운 북풍 불 때마다

비명소리

따스한 바람 불던 날

구름이 숨겨둔 은침

몸살 난 육신 치료한다

활기 되찾은 손과 발

막혔던 피 걸러 내

기어이 새 눈 틔운다

살아났구나, 마른 목숨 살린 비.
- 시「봄비」 전문

위의 시 두 편의 특징은 '말씀 하나 들린다'와 '마른 목숨 살린 비'라는 결구에서 전달하는 메시지에 주목하게 된다. 말씀이 들리고,

● 작품 해설

마른 목숨 살리는 구원 의지가 어떤 역경을 딛고 일어서는 바로미터로 작용하게 된다. 시「마침표 찍으려 하니」는 시를 쓰는 고뇌를 풀리지 않는 아픔으로 들려주고 있다. 처음 콧노래를 부르며 시작한 시 창작수업에 먹구름이 모여들고 마침내 눈으로 덮인 세상에서 길을 잃고 만다. 또한 밟고 온 길마저 잃어버려 돌아갈 길을 찾지 못하는 시인의 모습이 확인되고 있다. 콧노래 부르며 찾아다니던 들판을 지나 이 길로 갈까 저 길로 갈까 방황하고 있는 것이다. 마침내 '잡고 있는 지팡이/넘어지는 쪽으로 걸었다/정신 차리고 보니 제자리에서 맴돌았을 뿐'이라며 시인은 자신의 정신적 가늠을 포기하고 잡고 있던 지팡이라는 물리적인 사물의 동적인 움직임에 자신이 나아가야 할 길의 길잡이로 삼는다. 시인의 창작의 고뇌가 얼마나 어둠의 터널처럼 막막한 것인지를 극명하게 보여주는 부분이다. '날은 어두워지고/불어오는 찬바람 마음 시려//마침표 찍으려 하는데/가방 속 책에서 따뜻한 말씀 하나'를 들고 시인은 다시금 시를 쓰고 있다. 마침표를 찍으려던 결의가 새로운 용기와 희망으로 시인의 가슴을 다독이고 있는 것이다. 날이 어두워지고 찬바람이 몰아치는 벌판에 선 문학인의 피할 수 없는 고독이 엿보인다. 채우지 못하는 이상을 향한 끝없는 번뇌임에 분명하다. 그러나 이 참담한 아픔으로 하여 예술작품은 드높은 하늘을 향해 팔을 뻗고 있는 것이 아닌가 싶다. 고장 난 하늘에서 '사나운 북풍의 비명소리'가 들린다. 시「봄비」의 첫 연과 두 번째 연이다. 한 행 십 연으로 가늠된 이 시는 기실은 마른 나무에 쏟아지는 비를 먹고 막혔던 피를 뚫어내 기어이 새 눈을 틔워낸 나무의 생환을 그려내고 있다. 하

| 작품 해설 |

지만 이처럼 생존의 기로에 선 생명을 지니고 있는 존재들은 비단 나무에 국한 =되어 있는 것은 아니다. 혈액순환이 여의치 않는 동맥경화증 환자와 사막의 모래벌판에 서 있는 마른 나무들, 목마른 아프리카의 수를 헤일 수 없는 야생동물들뿐만은 아니다. 이 시는 생명의 위협에 놓인 생명들에게 '구름이 숨겨둔 은침//몸살 난 육신 치료한다//활기 되찾은 손과 발//막혔던 피 걸러 내//기어이 새 눈 틔운다'는 봄비의 '살신성인'의 투혼이다.

> 시간을 먹으며 살아온 삶
> 황혼을 업은 가슴에는
> 아직도 나무 심어 잎 틔우고 싶다
> 이웃의 그늘 되겠다고
> 진눈깨비 내리는 길 헤치고
> 세상 문 두드리며 힘차게 달려왔는데
> 어느새 새우등 허리, 둔해진 손과 발
> 헤쳐 나가려고 애태우던
> 마음의 빛도 깜박이고 있다
> 낡은 것은 가고 새것이 오는 것이 자연의 법칙
> 이제 집 모서리를 돌아
> 앞을 밝히는 달빛 같은 그림자 되어
> 사랑 뒤에서, 눈물 뒤에서
> 어리석은 척 살아가는
> 소리 내지 않고 흐르는 강물이 되리라.
>   - 시 「그렇게 살기로 했다」 전문

이번 김문한 시인의 시집이 지향하는 관점은 순간처럼 흘러간 시간이 짙어지고 있던 고단한 삶의 흔적에 보내는 위로의 시선이다. 최선의 노력으로 혼신을 다하여 앞만 내다보며 살던 일상 속에서 미처 관심 두지 못한 대상에 대한 성찰이며 사랑이다. 그 가운데 평생 함께한 '아내'에 보내는 사랑 빛 가득한 측은지심도 함께한다. 들꽃 아름다운 산기슭 찻집에서 처음 만나 '나는 그대를 그대는 나를' 사랑한다고 맹세하던 때가 어제 같은데, 어느 새 검은 머리에 서리 내리고 얼굴에 새겨진 굵은 주름살이 가슴에 못으로 박힌다. 아내의 부드러운 손은 소나무 껍질처럼 껄끄러워 바라만 보아도 부끄러운 자책을 지우지 못하는 게 핵심이다. '둘이서 세웠던 젊은 날의 계획/달빛 같은 희미한 어둔 세상 더듬으며/애쓰며 살던 날이 바로 어제였는데/화살처럼 세월은 가버리고' 남은 시간의 아쉬움만 가느다란 물줄기로 흐르고 있을 뿐이다. '나를 바라보던 눈은 그때나 지금이나 변함없는데' 해는 서쪽 하늘을 붉게 물들이며 저물고 있다. 90세의 노시인이 혼신의 노력으로 경영하신 삶과 문학이 편 편의 시 속에 응집되어 펼쳐지고 있는 시편들은 오랜 삶의 경륜이 짚어낸 잠언들이다. 온갖 어려움 함께 견디어온 부부의 훈훈한 사랑을 읽을 수 있다. 이처럼 소중한 부부의 연緣을 아름답게 증명해 내고 있는 시가 김문한의 시다. 다음 시 「그렇게 살기로 했다」의 작품 또한 흐르는 시간의 허망함 속에서 최선을 다했음에도 이루지 못한 일들에 대한 아쉬움을 그려내고 있다. 간혹 김문한 시인이 추구하는 삶의 방법에 대하여 생각할 때가 있다. 노시인이 추구하는 개별적인 인생 철학은 어느 만큼의 '거리'에 머물고 있을까를

| 작 품 해 설 |

질문하게 된다. 마치 얼마 전 모 시인의 시에서 질문한 '사과 얼마예요(당신 생의 값은 얼마입니까)'처럼 여전히 생존의 가치를 온몸으로 저장하고 있는 시인의 강렬한 의지에 존경을 드리지 않을 수가 없다. 창조적이며 정열적으로 참다운 인간상(시인)을 보여주시기 위해 혼신을 다하는 분이라는 확신에서이다. '시간을 먹으며 살아온 삶/황혼을 업은 가슴에는/아직도 나무 심어 잎 틔우고 싶다'는 것이다. 그러나 시인은 이제 그리 많지 않을 것이라는 시간의 흐름을 예측하려 한다. '이웃의 그늘 되겠다고/진눈깨비 내리는 길 헤치고/세상 문 두드리며 힘차게 달려왔는데/어느새 새우등 허리, 둔해진 손과 발/헤쳐 나가려고 애태우던/마음의 빛도 깜박이고 있다'는 것이다. 그러나 앞서 감상한 시 「마침표 찍으려 하니」에서의 시인의 갈등은 아직 저문 하늘의 검은 구름이나, 깜박이는 마음의 등불도 걷어내고 불을 밝히는 '가방 속 책에서 들리는 따뜻한 말씀 하나'가 있어 마침표를 찍을 수 없을 것이라는 생각이다. 잠시 건강의 적신호에 '낡은 것은 가고 새것이 오는 것이 자연의 법칙/이제 집 모서리를 돌아/앞을 밝히는 달빛 같은 그림자 되어/사랑 뒤에서, 눈물 뒤에서/어리석은 척 살아가는/소리 내지 않고 흐르는 강물이 되리라.'는 다짐은 회복하신 건강만큼 유보되리라는 생각이다.

> 뜻 이루지 못하고
> 내려오는 험한 산길
>
> 앞으로 무엇을 해야 하나

● 작품 해설

흔들리는 몸 조심하며 내려간다

산허리에 저녁 햇살 받으며
백로 한 마리 집 찾아가고 있다

어디로 가야 할지
기약 없는 세상 더듬으며 가는
나그네의 발에

흐느낌 같은 상처 솟아나고 있었다
                                   -시 「아픔 2」 전문

세상 벽에 걸어놓아야
아름다워지는 줄 알았다

온 정성 다하여 못 박고
나를 걸어놓았으나
지나는 사람 거들떠보지 않는다
화가 나서 나를 내려놓고 못도 빼려고 했다

지금껏 지탱해 준
저 못이 무슨 잘못이 있나
남을 탓하지 말자
낮에는 스러져 보이지 않지만
어두워지면 밤하늘 아름답게 하고

| 작 품 해 설 |

꿈과 용기 주는 별은 얼마나 겸손한가

무거운 짐 진 나그네에
보여야 할 것은 겉모양이 아니라
고단한 영혼 위로하는
별 같은 마음이라는 것을 왜 몰랐는지.
― 시 「내 잘못이다」 전문

 인생은 하루에도 수많은 편린들을 통하여 희로애락을 경험하며 사는 일이다. 나의 의지와 다른 예기치 않은 일들이 기쁨이 되고 슬픔이 되어 웃고 울게 된다. 바위처럼 단단한 의지로 굽힐 줄 모르는 욕망과 이상을 세우던 사람에게도 때로는 아픔이 스며들 때가 있다. 시 「아픔 2」는 흐느낌 같은 상처가 마음으로부터 솟아나고 있는 슬픔이다. 견디기 어려운 극한의 감정이 의식의 경계를 허무는 상태가 시인의 시 안에서 극대화되고 있다. 어쩜 사람 사는 세상은 '뜻 이루지 못하고/내려오는 험한 산길'임을 부정하지 못한다. 그 '뜻'의 구체적 사실은 알 수 없지만 이루지 못한 절망 하나가 험한 세상사에서 앞을 막고 있는 지경임에는 분명하다. '앞으로 무엇을 해야 하나' 고뇌하는 화자의 모습으로 보면 이제껏 하던 일을 포기해야 할 만큼 견디기 어려운 아픔이다. '산허리에 저녁 햇살 받으며/백로 한 마리 집 찾아가고 있다'는 자화상 같은 인물의 어떤 하루가 아닐까 싶다. 어디로 가야 할지 기약 없는 세상 더듬으며 가는 나그네의 발에 '흐느낌 같은 상처'는 아픔의 정도를 극명하게 묘사한 언술이다. 시 「내 잘못이다」를 감상한다. '내 탓이요'라는 내 허물에 대한 겸손의 의도를 지닌 이 시의 메시지는 외면外面과 내면內面의 이중성에 대한 성찰이다. 겉으로 드러나는 모양 그대로 나를 과시하려 함에서, 겉으로 드러나지 않지만 추상적인 정신세계의 나의 참다움을 깨닫게 되는 과정이다. '세상 벽에 걸어놓아야/아름다워지는 줄 알았다//온 정성 다하여 못 박고/나를 걸어놓았으나/지나는 사람 거들떠보지 않는다/화가 나서 나를 내려놓고 못도 빼려고 했다' 혼신을 다한 노력만큼 성과를 기대하는 일은 노력한 이가 누리는 결실의 아름다움이다. 그러나 한 해 농사에 땀 흘린 농부의 가을걷이는 튼실한 열매를 얻었음에도 수매가 되지 않을 때가 있다. 그럼에도 농부는 끊임없이 이듬해 밭을 갈고 씨를 뿌리게 된다. 김문한 시인의 시가 시사하는 의미는 별의 겸손이다. '낮에는 스러져 보이지 않지만/어두워지면 밤하늘 아름답게 하고/꿈과 용기 주는 별'의 성찰이다.

    사랑의 하나님
    고목과 같이 시든 몸
    깨워주시어
    새날을 주시니 감사합니다
    책상 위 쓰고 또 지우고 한
    미완성 시가 보이며
    아침 해가 찬란하게 비치는 창을 여니
    이슬 젖어 웃고 있는 꽃
    뜰의 소나무 솔잎의

| 작품 해 설 |

싱싱한 웃음소리 들리니
내가 살아있다는 생각에
기쁘기 이루 말할 수 없습니다
지금까지 삶의 징검다리
넘어지지 않도록
인도하신 당신을 생각하며
오늘도 모질게 내 일에 힘쓰겠습니다.
　　　　－시「아침을 맞이하며」전문

어느 새 하루가 저물어
서산 넘어가는 햇빛이

손때 묻은 책상 위 책과 노트를 비추며
하루의 노고가 끝났고
곧 긴 밤이 온다고 알린다

놀던 아이들 집으로 돌아간
공원 같은 빈 가슴에 어둠이 스며들고

지는 햇빛이 어루만지는
나무 이파리들의 잠드는 소리
적막에 사로잡힌다

어둔 밀물이 밀려오는

● 작품 해설

밤하늘엔 별들이 하나둘 헤일 수 없이 모여
검은 바다에 보석 되어 흐르고 있다.
- 시「저녁」전문

  아침은 신생아의 탄생과 같은 축복과 경이로운 일출의 아름다움으로 시작된다. 막 세수를 마친 햇살과 싱그러운 바람, 풀잎 위의 이슬 같은 하루의 출발선이다. 그리스도의 말씀을 숭배하는 김문한 시인이 맞이하는 이 아침은 '감사의 기도'로 시작되고 있다. '고목과 같이 시든 몸/깨워 주시어/새 날을 주시는 하나님'에게 감사드리는 신앙 시이다. 지난밤 하루는 하루분의 피곤으로 찌든 정신과 육신을 잠이라는 묘약으로 치유받게 된다. 잠은 어떤 처방보다도 육신의 분산을 푸는 명약이라고 한다. 그러나 인간의 정신과 육신의 부실을 하룻밤의 잠으로 치유하는 일은 영원한 안식의 늪에 침잠하게 되는 죽음의 경계에 닿는 일이다. 까닭에 매일을 반복하며 눈을 뜨는 아침이면 새 날을 숨을 쉴 수 있다는 감사에 기도하게 된다. 연로한 화자의 '아침기도'는 그만큼 절실하고 신성한 일이 아닐 수 없다. 그리스도의 믿음으로 이 아침은 더욱 성스러운 감사가 되는 것이다. '이슬 젖어 웃고 있는 꽃/뜰의 소나무 솔잎의/싱싱한 웃음소리'를 듣게 된다. '책상 위 쓰고 또 지우고 한/미완성 시가 보이며/아침 해가 찬란하게 비치는 창'을 여는 일도 모두 절대자이신 분의 은총으로 비롯되어 내가 살아 있다는 생각으로 기쁨이 되는 것이다. 시「아침을 맞이하며」는 차분히 무릎을 꿇고 감사의 기도를 드리는 시인의 모습이 연상되어진다. 위태위태한 삶의 징검

| 작 품 해 설 |

다리 넘어지지 않도록 일으켜 세워주신 절대자를 향한 칭송으로 가득하다. 하루의 문을 여는 아침이 있다면 하루의 문을 닫는 저녁이 있어 삶은 내일이라는 희망을 예비하게 된다. 시「저녁」은 서산을 넘어가는 햇빛이, 손때 묻은 책상 위의 책과 노트를 비추는 시간이다. 하루의 고단이 시간의 깊이로 이어지는 저녁의 초상에는 놀던 아이들이 사라진 빈 공원, 지는 햇빛이 나무 이파리들을 어루만지는 어둠, 그리고 모든 사물들이 소리를 지우고 적막의 공간에 유입되는 밤의 한때가 묘사되어 있다. 그곳은 '어둔 밀물이 밀려오는/밤하늘엔 별들이 하나둘 헤일 수 없이 모여/검은 바다에 보석 되어 흐르고' 있는 공간이다. 지는 해와 어둠과 적막이 흐르는 시간 너머 하늘 위 헤일 수 없는 별들이 모여 검은 바다(지상에서 천상까지의 공간)에 보석을 심는 신비의 세계로 확장시키고 있다. 이번 김문한 시인의 시집에서 문득문득 마주치게 되는 소재 중에는 '별'이라는 사물이 있다. 어두운 밤하늘에 보석처럼 빛나는 별의 존재는 시인의 무의식적 사념이 끌고 가는 특정한 대상이다. 별은 이상의 정점이며 이상의 완성이다. 어둠의 세상일수록 더 찬연히 반짝이는 마음 가난한 대상들의 꿈과 희망이 아름다움으로 거듭나 꽃을 피운다. 시인의 '저녁'은 이처럼 하나 둘 헤일 수 없이 모여든 별들의 찬란한 운집으로 어둠을 지우고 있다.

김문한 시인의 여섯 번째 시집 읽기를 접한다. 어느 때보다 정성을 들여 혼신을 기울인 시집 『마침표 찍으려 하니』는 반짝이는 시편들의 윤기어린 호흡으로 가슴 훈훈하게 한다. 2014년 생애 첫 시집 『내 마음 봄날 되어』에 이어 해마다 한 권의 시집을 출간하고 계신 김문한 시인의 맹렬한 창작 의욕은 감히 젊은이들까지도 따라오기 힘든 열정이다. 또한 시인의 시정신은 여섯 권의 시집 어느 것에서나 흔들림이 없다. '마음 가난한 이들에 띄우는 헌신의 표상이며, 나를 달구어 이웃에 배려하고 베푸는 뿌리 깊은 사랑'이다. 인생은 무수히 흐르는 시간의 갈피를 어떤 가치의 크기로 깁는지에 대한 결과론적 해답이다. 아흔의 연세를 딛고 계신 노시인의 모범적인 삶은 나태한 이들에 보내는 우렁찬 귀감이며 존경의 대상이다. 이 시집을 마무리하는 마지막 교정을 마친 상태에서도 시인께서는 신작시 몇 편을 완성하시고 다가올 새로운 한 해를 기약하고 계셨다. 건강 잘 유지하시고 더 고아한 시어를 창출해 주시기 기대한다.

마침표 찍으려 하니

김문한 여섯 번째 시집

마침표 찍으려 하니

김문한 여섯 번째 시집